中国田野考古报告集

考古学专刊

丁种第 113 号

元大都

1964～1974 年考古报告

肆

中国社会科学院考古研究所
北京市文物管理处　编著

文物出版社

北京·2024

THE COLLECTION OF CHINESE FIELD ARCHAEOLOGICAL REPORTS
ARCHAEOLOGICAL MONOGRAPH SERIES
TYPE D NO. 113

YUAN DADU

Archaeological Report from 1964 to 1974

IV

(With an English Abstract)

by

The Institute of Archaeology, Chinese Academy of Social Sciences

Beijing Municipal Management Office of Cultural Relics

Cultural Relics Press

Beijing · 2024

图版 4-2-1　1969 年 9 月雍和宫后居住遗址发掘现场

1. 居住遗址全景（东南—西北）

2. 居住遗址全景（南—北）

图版 4-2-2　雍和宫后居住遗址全景

1. 北房全景（东南—西北）

2. 北房当心间与西暗间（东—西）

图版 4-2-3　雍和宫后居住遗址北房遗迹

1. 北房东南墙角角柱和础石（南—北）

2. 北房西南墙角角柱和础石（南—北）

3. 北房东山墙砌法（西—东）

图版 4-2-4　雍和宫后居住遗址北房遗迹

1. 北房明间内的三面炕（西—东）

2. 北房东炕出烟孔与屋外烟囱（东—西）

图版 4-2-5　雍和宫后居住遗址北房遗迹

1. 北房西暗间前檐（南）炕前的楝柱洞（北—南）

2. 北房西暗间后檐（北）炕（南—北）

图版 4-2-6　雍和宫后居住遗址北房遗迹

1. 东厢房（西—东）

2. 东厢房的砖砌门槛和门外条石（西—东）

图版 4-2-7　雍和宫后居住遗址东厢房遗迹

1. 东厢房内的铺地砖和木隔墙下的地栿槽（南—北）

2. 东厢房南山墙和烟囱（南—北）

3. 东厢房暗间内的炕（南—北）

图版 4-2-8　雍和宫后居住遗址东厢房遗迹

1. 东厢房明间内的炕和灶（南—北）

2. 东厢房明间火炕内的三条烟道（西—东）

3. 东厢房火炕和房角外的烟囱（南—北）

图版 4-2-9　雍和宫后居住遗址东厢房遗迹

1. 西厢房北山墙砌法（北—南）

2. 西厢房屋门口和门前的条石、露道
（东—西）

3. 西厢房倒塌下的直棂窗（北—南）

图版 4-2-10　雍和宫后居住遗址西厢房遗迹

2. 东踏道南侧面（南—北）

4. 西踏道南侧面（南—北）

1. 东踏道（东—西）

3. 西踏道南侧面（西—东）

图版 4-2-11　雍和宫后居住遗址东、西踏道遗迹

1. 西角门与砖门槛（东—西）

2. 西角门南北两侧的院墙（北—南）

3. 西角门南北两侧的院墙（南—北）

图版 4-2-12　雍和宫后居住遗址西角门遗迹

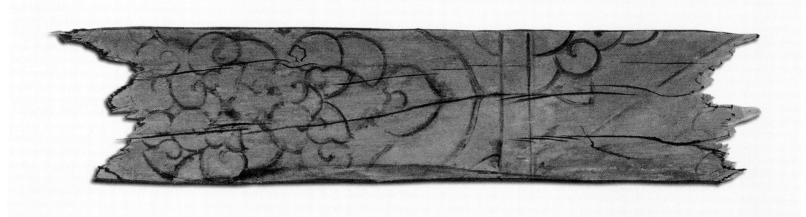

图版 4-2-13　雍和宫后居住遗址出土梁架彩画

1. 白釉碗（YU69：58）

3. 青釉折沿盘（YU69：33）

2. 青花高足碗（YU69：1）

4. 白釉盘（YU69：2）

图版 4-2-14　雍和宫后居住遗址出土遗物

1. 青白釉罐（YU69：77）

2. 月白釉瓶（YU69：100）

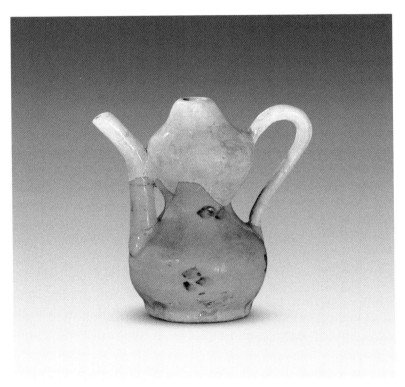

3. 青白釉执壶（YU69：43）

4. 青釉器盖（YU69：125）

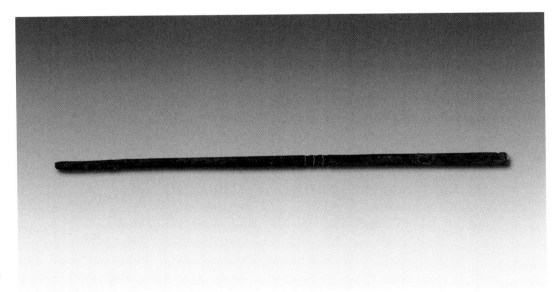

5. 铜筷子（YU69：101）

图版 4-2-15　雍和宫后居住遗址出土遗物

1. 铁斧（YU69：30）

2. 铁犁（YU69：55）

3. 石暖砚（YU69：132）

4. "至正十八年"铜权（YU69：14）

5. "至正通宝"铜钱

6. 带把菱花形铜镜（YU69：34）

7. 铜带扣（YU69：126）

图版 4-2-16　雍和宫后居住遗址出土遗物

1. 玉带片（YU69：127）

2. 铜托玉饰（YU69：12）

5. 玉仕女像（YU69：48）

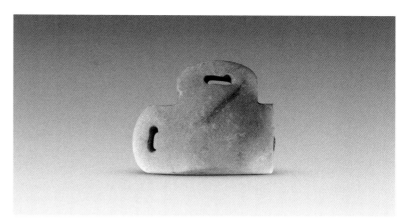

3. "凸"字形石饰（YU69：158）

4. 白釉瓷羊（YU69：112、41）和狗（YU69：136）

6. 石卧佛像（YU69：11）

7. 铜云锣（YU69：59）

图版 4-2-17　雍和宫后居住遗址出土遗物

1. 居住遗址全景（东北—西南）

2. 居住遗址全景（东南—西北）

图版 4-3-1　雍和宫东居住遗址全景

1. 居住遗址全景（西北—东南）

2. 西暗间火炕（北—南）

图版 4-3-2　雍和宫东居住遗址建筑遗迹

1. 铜铺首（YUE69：5）

2. 铜小铺首（YUE69：19、YUE69：120）

3. 白釉器盖（YUE69：15）

图版 4-3-3 雍和宫东居住遗址出土遗物

1. 居住遗址全景（西—东）

2. 居住遗址全景（东—西）

图版 4-4-1　桦皮厂居住遗址全景

1. 北房、月台和东侧角门（东南—西北）

2. 东厢房全景（北—南）

图版 4-4-2　桦皮厂居住遗址建筑遗迹

1. 西厢房全景（东北—西南）

2. 月台西侧砖砌台阶（西—东）

图版 4-4-3　桦皮厂居住遗址建筑遗迹

1. 排水沟（北—南）

2. 东角门（东南—西北）

图版 4-4-4　桦皮厂居住遗址建筑遗迹

1. 北房 F1、西厢房 F2 全景（东南—西北）

2. F1 东过道下的排水沟（南—北）

图版 4-5-1　安定门煤厂东部居住遗址建筑遗迹

1. F1 砖砌门槛（南—北）

2. F1 北炕内的三条烟道（东—西）

图版 4-5-2　安定门煤厂东部居住遗址建筑遗迹

1. F1 南火炕和灶（东—西）

2. F1 东次间内东北角大型灶（南—北）

图版 4-5-3　安定门煤厂东部居住遗址建筑遗迹

1. 前后院建筑 F3 及 F3 西侧院落北房 F4A、F4B 全景（东南—西北）

2. F3 全景（西南—东北）

图版 4-5-4　安定门煤厂西部居住遗址建筑遗迹

1. F3 前院出土的铁炉和煤池（西北—东南）

2. F3 后院和北房（东北—西南）

图版 4-5-5　安定门煤厂西部居住遗址建筑遗迹

1. F4A、F4B（西南—东北）

2. F4A 内的砖砌方坑（西南—东北）

图版 4-5-6　安定门煤厂西部居住遗址建筑遗迹

1.凤鸟纹瓦当（YM74F1：17）

4.枢府釉碗（YM74F3：23）

2.柱础石（YM74F1：22）

5.青釉碗（YM74F3：13）

3.铁门环（YM74F3：52）

6.青釉碗（YM74F3：24）

图版 4-5-7　安定门煤厂居住遗址出土遗物

1. 白釉碗（YM74F3：62）

2. 枢府釉高足碗（YM74F3：21）

3. 青釉高足碗（YM74F3：48）

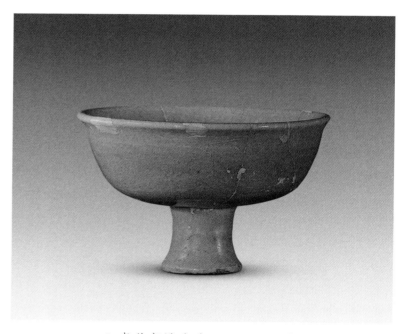

4. 青釉高足碗（YM74F3：49）

5. 青釉高足碗（YM74F3：14）

6. 黄白釉高足碗（YM74F3：96）

图版 4-5-8　安定门煤厂居住遗址出土遗物

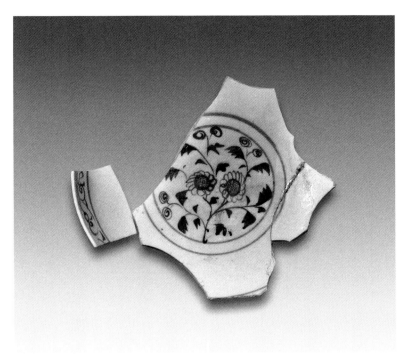

1. 青花盘（YM74F1：26）

3. 青白釉三足洗（YM74F3：61）

4. 钧釉盘（YM74F1：16）

2. 青釉洗（YM74F3：22）

5. 白釉盘（YM74F3：65）

图版 4-5-9　安定门煤厂居住遗址出土遗物

3. 青白釉罐（YM74F3：67①）

1. 白釉赭彩草叶纹盆（YM74F2：6）

4. 白釉黑彩罐（YM74F3：19）

2. 白釉小罐（YM74F3：12）

5. 白釉黑彩罐（YM74F3：46）

图版 4-5-10　安定门煤厂居住遗址出土遗物

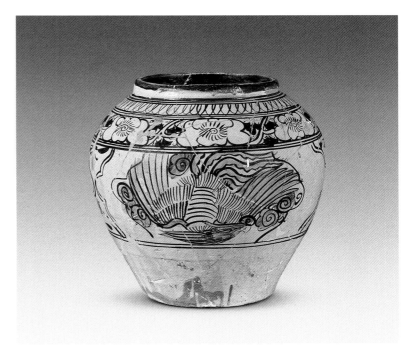

2. 白釉赭彩罐（YM74F3：18）

1. 白釉赭黄彩罐（YM74F3：4）

3. 酱黑釉小罐（YM74F3：25）

图版 4-5-11　安定门煤厂居住遗址出土遗物

1. 黑釉双耳罐（YM74F3：15）

2. 黑釉双耳罐（YM74F1：20）

3. 酱釉粗瓷罐（YM74F1：15）

4. 酱釉粗瓷罐（YM74F3：41）

5. 黄褐釉四耳罐（YM74F1：2）

6. 青灰釉研钵（YM74F3：9）

图版 4-5-12　安定门煤厂居住遗址出土遗物

1. 青釉大瓶（YM74F2：4）

2. 黑釉经瓶（YM74F3：59）

3. 翠蓝釉经瓶（YM74F3：104）

4. 褐釉双耳瓶（YM74F1：24）

图版 4-5-13　安定门煤厂居住遗址出土遗物

图版 4-5-14　安定门煤厂居住遗址出土白釉黑彩四系扁壶一对（YM74F2：3）

2. 青釉器盖（YM74F3：58）

3. 白釉赭彩器盖（YM74F3：97）

1. 青花器盖（YM74F3：17）

4. 白釉赭彩器盖（YM74F4B：15）

图版 4-5-15　安定门煤厂居住遗址出土遗物

1. 灰陶盆（YM74F3：78）

2. 灰陶盆（YM74F1：19）

3. 灰陶盆（YM74F3：103）

4. 灰陶香炉（YM74F3：40）

5. 黄绿琉璃釉香炉（YM74F4B：7）

6. 孔雀蓝琉璃釉器盖（YM74F3：69）

图版 4-5-16　安定门煤厂居住遗址出土遗物

1. 铜熨斗（YM74F3：29）

2. 铜鼎形炉（YM74F3：53）

3. 铜灯碗（YM74F4A：1）

4. 铁灯碗（YM74F4B：1）

5. 铜双耳扁壶（YM74F3：68）

6. 铁通条（YM74F1：1）、铁矛（YM74F4B：11）

图版 4-5-17　安定门煤厂居住遗址出土遗物

1. 铁锁（YM74F3：50）

4. 铁斧（YM74F1：5）

2. 铁锁（YM74F4B：10）

5. 铜权（YM74F3：57）

3. 铁轴（YM74F1：4②）、铁夯锤形器（YM74F4A：3）

6. 铜权（YM74F2：2）

7. 铜钱（YM74F3：64）

图版 4-5-18　安定门煤厂居住遗址出土遗物

1. 青白釉水盂（YM74F3：36）

2. 卧人形铜镇纸（YM74F3：30）

正面　　　　　　背面

4. 铜象棋子（YM74F3：44）

3. 石砚（YM74F3：38）

5. 石砚（YM74F3：82）

图版 4-5-19　安定门煤厂居住遗址出土遗物

1. 双鱼纹铜镜（YM74F3：27）

2. "居仁，为善最乐"铜镜（YM74F3：75）

3. 铜饰（YM74F3：32）

4. 铜轴轮（YM74F3：99）

5. 铜羊拐（YM74F1：10）

6. 铜环（YM74F3：39）

图版 4-5-20　安定门煤厂居住遗址出土遗物

1. "秦云"铜印章（YM74F1：8②）　　2. "大吉"铜印章（YM74F3：100）　　3. "福禄印记"铜印章（YM74F3：93）

 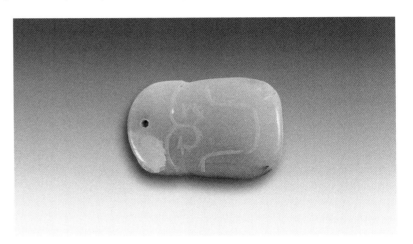

4. 小型玉饰（YM74F3：37①）、玛瑙小瓶（YM74F3：37③）　　　　5. 小型玉饰（YM74F3：37②）

 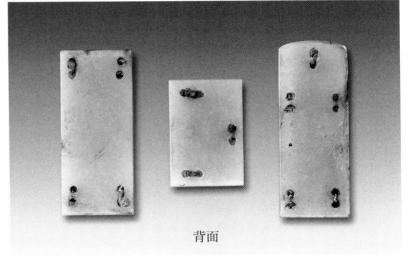

正面　　　　　　　　　　　　　　　　背面

6. 玉带饰（YM74F3：72）

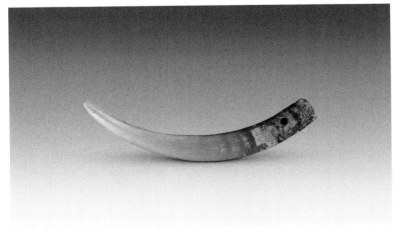 

7. 牙饰（YM74F3：102）　　　　　　　　8. 陶弹丸（YM74F3：80）

图版 4-5-21　安定门煤厂居住遗址出土遗物

图版 4-6-1　德胜门东居住遗址全景（东南—西北）

1. 遗址全景（西南—东北）

2. 西厢房和北房暗间及穿堂屋（东南—西北）

图版 4-6-2　德胜门东居住遗址建筑遗迹

2. 穿堂屋北门台基下的慢道（北—南）

1. 西侧北端排水沟（北—南）

3. 北房中心三间屋及当心间前月台（南—北）

图版 4-6-3　德胜门东居住遗址建筑遗迹

1. 北房当心间门口的慢道及踏脚石
（东—西）

2. 北房当心间与西暗
间（东—西）

3. 北房当心间和东明间内的三面炕
（西北—东南）

图版 4-6-4　德胜门东居住遗址北房遗迹

1. 北房西暗间内的两面炕
（东南—西北）

2. 北房西暗间内的南炕和灶（北—南）

3. 北房东头单开间屋内的炕、灶和
石器（西北—东南）

图版 4-6-5　德胜门东居住遗址北房遗迹

1. 月台东侧砖砌台阶
（东—西）

2. 前院内铺地砖、露道和石磨盘、
石碾等（南—北）

3. 后院全景（东—西）

图版 4-6-6　德胜门东居住遗址建筑遗迹

1. 院东侧的房屋建筑（南—北）

2. 前室屋门口的条石（北—南）

3. 前室屋内的炕和砖台（东北—西南）

4. 后室屋内的炕和中屋内的灶（东—西）

图版 4-6-7　德胜门东居住遗址建筑遗迹

2. 青釉盘（YE73：3）

1. 瓷器器底墨书字迹

3. 钧釉盘（YE73：15）

图版 4-6-8　德胜门东居住遗址出土遗物

1. 白釉罐（YE73：13）

2. 棕黄釉双耳罐（YE73：8）

3. 青釉胆式瓶（YE73：44）

4. 黑釉"内府"经瓶（YE73：23）

图版 4-6-9　德胜门东居住遗址出土遗物

1. 黑釉葫芦形瓶（YE73：11）

2. 褐釉双耳瓶（YE73：14）

3. 黑釉双耳瓶（YE73：6）

4. 重檐歇山顶陶屋（YE73：25）

图版 4-6-10　德胜门东居住遗址出土遗物

1. 青花梨形壶（YE73：18）

4. 黑釉器盖（YE73：17）

2. 青花小器盖（YE73：43）

3. 白釉红绿彩小器盖（YE73：12）

5. 白釉黑彩荷叶形器盖（YE73：16）

图版 4-6-11 德胜门东居住遗址出土遗物

1. 铁叉（YE73：34）

2. 铁镢头（YE73：27）

3. 铁犁铧（YE73：26）

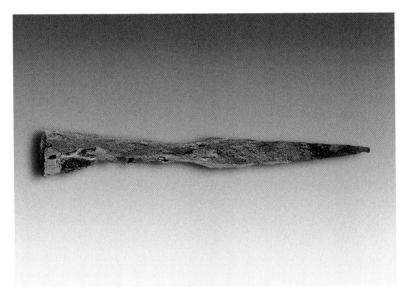

4. 铁矛（YE73：37）

5. 磨刀石（YE73：38）

6. 铁门环（YE73：32）

图版 4-6-12　德胜门东居住遗址出土遗物

1. 石磨盘（YE73：39）

2. 石碾轮（YE73：40）

3. 铜镜（YE73：10）

4. 玛瑙残饰件（YE73：1）

5. 绿松石饰（YE73：45）

图版 4-6-13　德胜门东居住遗址出土遗物

图版 4-7-1　酉缘胡同一号遗址全景（东南—西北）

1. 遗址全景（南—北）

2. 遗址全景（西—东）

图版 4-7-2　西绦胡同一号遗址全景

1. 主院北房与后院南房（西北—东南）

2. 主院北房与后院南房（西南—东北）

图版 4-7-3　西绦胡同一号遗址主院北房与后院南房遗迹

1. 主院北房后侧台基下的散水、明沟和围墙（西—东）

2. 主院北房西暗间后面套间残迹（西—东）

3. 后院南房东南墙角及砖槽结构（西北—东南）

图版 4-7-4　西绦胡同一号遗址主院北房和后院南房遗迹

1. 由外侧看后院南房东南墙角（东南—西北）

2. 解剖后的后院南房东南角柱（西南—东北）

图版 4-7-5　西绦胡同一号遗址后院南房遗迹

1. 后院南房内铺地砖、西山墙、西侧院墙和围墙（南—北）

2. 后院南房西山墙与西侧院墙及其间的排水沟（北—南）

3. 水沟、渗井和沟眼等排水设施（南—北）

图版 4-7-6　西绦胡同一号遗址后院南房遗迹

图版 4-7-7 西绦胡同一号遗址东院全景（西北—东南）

1. 东院露道和院中水缸、石槽、石臼等（北—南）

2. 东房前露道（北—南）

3. 东院院墙和院门（北—南）

图版 4-7-8　西绦胡同一号遗址东院遗迹

1. 水井和南房残迹（西北—东南）

2. 水井井台（东北—西南）

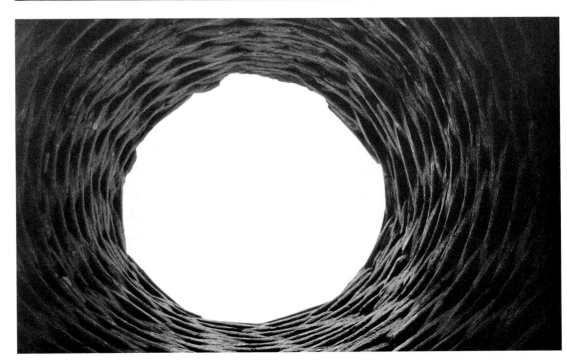

3. 水井井壁（下—上）

图版 4-7-9　西绦胡同一号遗址东侧水井遗迹

1. 重唇板瓦（YG72：123）

2. 重唇板瓦（YG72：124）

3. 方形柱础石（YG72：116①）

4. 兽面纹瓦当（YG72：125、126、127）

5. 方形柱础石（YG72：115①）

6. 覆莲瓣纹石座（YG72：132）

图版 4-7-10　西绦胡同一号遗址出土遗物

1. 枢府釉折腹碗（YG72：62）

4. 青釉碗（YG72：52）

2. 青白釉小碗（YG72：40）

5. 青釉碗（YG72：50）

3. 青釉碗（YG72：54）

图版 4-7-11　西绦胡同一号遗址出土遗物

1. 钧釉碗（YG72：51）

3. 黑釉碗（YG72：91）

2. 白釉黑彩碗（YG72：47）

4. 白釉红绿彩碗（YG72：120）

图版 4-7-12　西绦胡同一号遗址出土遗物

1. 青花高足碗（YG72：35）

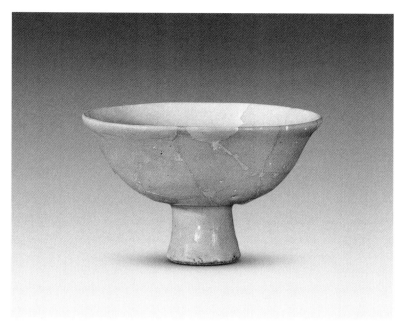

2. 枢府釉高足碗（YG72：38）

3. 青釉高足碗（YG72：39）

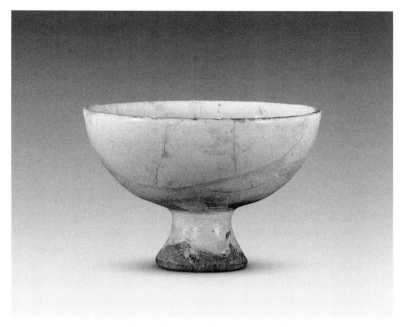

4. 白釉高足碗（YG72：37）

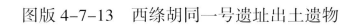

图版 4-7-13　西绦胡同一号遗址出土遗物

1. 青白釉盘（YG72：56）

2. 枢府釉盘（YG72：63）等

3. 青釉折沿盘（YG72：67）

4. 青釉圆唇敞口大圈足盘（YG72：60）

5. 钧釉盘（YG72：55）

6. 钧釉盘（YG72：92）

7. 白釉褐彩盘（YG72：94）

图版 4-7-14　西绦胡同一号遗址出土遗物

1. 黑白釉碟（YG72：68②）

4. 青釉折沿洗（YG72：64）

2. 青白釉菊瓣口碟（YG72：61）

3. 青釉蔗段洗（YG72：66）

5. 青釉折沿洗（YG72：121）

图版 4-7-15　西绦胡同一号遗址出土遗物

1. 白釉黑彩鱼草纹盆（YG72：88）

2. 白釉黑彩草叶纹盆（YG72：18）

图版 4-7-16　西绦胡同一号遗址出土遗物

1. 白釉黑彩"三"字纹盆（YG72：28①）

2. 褐釉研钵（YG72：16①）

3. 褐釉研钵（YG72：16②）

4. 枢府釉罐（YG72：31）

图版 4-7-17　西绦胡同一号遗址出土遗物

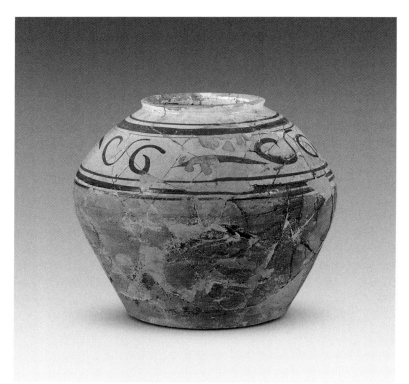

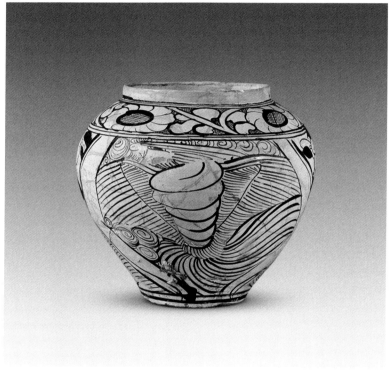

1. 白釉黑彩龙凤纹罐（YG72：89）　　　　　2. 白釉褐绿彩钩纹罐（YG72：4）

图版 4-7-18　西绦胡同一号遗址出土遗物

图版 4-7-19　西绦胡同一号遗址出土白釉黑彩诗文罐（YG72：2）

1. 白釉褐黄彩双凤纹罐（YG72：1①）

2. 白釉黑黄彩双凤纹罐（YG72：1②）

图版 4-7-20　西绦胡同一号遗址出土遗物

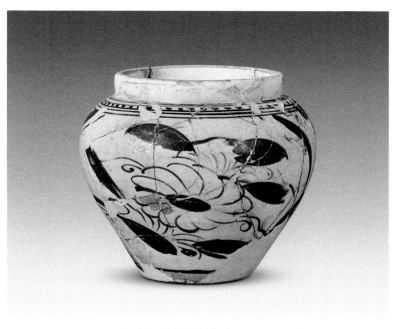

1. 白釉黑彩花卉纹罐（YG72：26）

4. 黑釉罐（YG72：3）

2. 白釉黑彩花卉纹罐（YG72：19②）

5. 灰白釉罐（YG72：29）

3. 白釉黑彩花卉纹罐（YG72：19①）

6. 白釉小罐（YG72：42）

图版 4-7-21　西绦胡同一号遗址出土遗物

1. 淡黄釉四耳罐（YG72：27）

2. 黑釉四耳罐（YG72：11）

3. 黄绿釉四耳罐（YG72：97）

4. 白釉黑彩四耳瓶（YG72：20）

图版 4-7-22　西绦胡同一号遗址出土遗物

1. 白釉经瓶（YG72：7）

3. 黑釉经瓶（YG72：8）

2. 白釉经瓶（YG72：21）

4. 黑釉经瓶（YG72：10）

图版 4-7-23　西绦胡同一号遗址出土遗物

1. 淡黄釉小口瓶（YG72：13）

2. 黑釉双耳瓶（YG72：12）

3. 青白釉双耳执壶（YG72：32）

4. 钧釉壶（YG72：98）

5. 钧釉壶（YG72：99）

6. 钧釉水盂（YG72：90）

图版 4-7-24　西绦胡同一号遗址出土遗物

图版 4-7-25 西缘胡同一号遗址出土青白釉炉（YG72：119①）

1. 枢府釉炉（YG72：34）

2. 白釉盏托（YG72：122）

3. 枢府釉灯（YG72：43）

图版 4-7-26　西绦胡同一号遗址出土遗物

1. 青白釉器盖（YG72：49）

4. 黑陶四足炉（YG72：15）

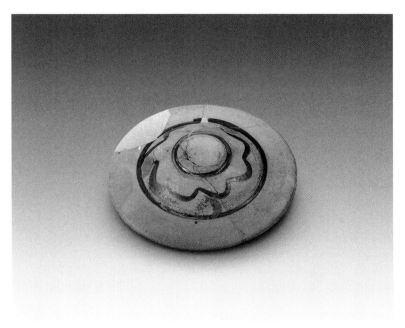

2. 白釉黑彩器盖（YG72：45②）

3. 白釉黑彩器盖（YG72：45①）

5. 黑陶双耳瓶（YG72：25）

图版 4-7-27　西绦胡同一号遗址出土遗物

1. 三足铜炭火盆（YG72：14）

3. 铁钩（YG72：106②）

2. 铁鏊子（YG72：104）

4. 铁钩（YG72：101）

5. 石枕（YG72：107）

6. 黑釉瓷纺轮（YG72：73）

图版 4-7-28　西绦胡同一号遗址出土遗物

1. 石磨（YG72：110①）

2. 石磨（YG72：111①）

3. 石水槽（YG72：117）

4. 石笔山（YG72：76）

5. 石镇纸（YG72：74）

图版 4-7-29　西绦胡同一号遗址出土遗物

正面　　　　　　背面

1. 铜象棋子（YG72：112）

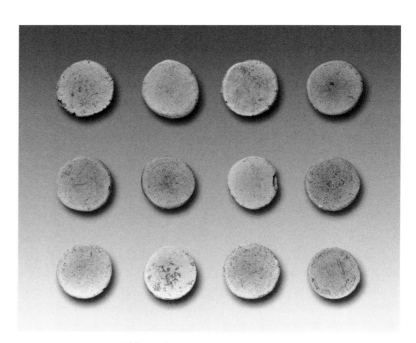

2. 石围棋子（YG72：113、YE65：28）

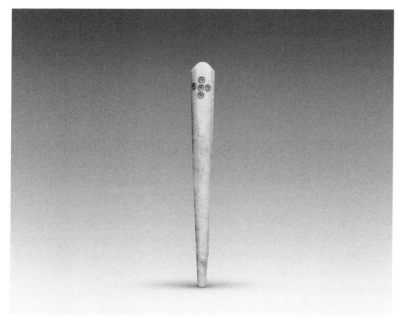

3. 骰牌（YG72：114）

4. 铜权（YG72：72、85）

5. 铜权（YG72：84）

6. 无字铜权（YG72：1③）

7. 铜钱（YG72：118①）

图版 4-7-30　　西绦胡同一号遗址出土遗物

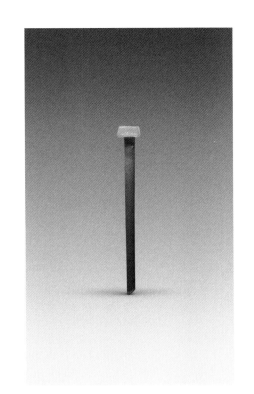

2. 骨簪（YG72：115②）

3. 料簪（YG72：116②）

1. 铜把镜（YG72：83）

4. 雕龙玉带板（YG72：70）

5. 玉花饰片（YG72：118②、119②）

6. 橄榄形串珠（YG72：75）

图版 4-7-31　西缘胡同一号遗址出土遗物

1. 铜印章（YG72：71）

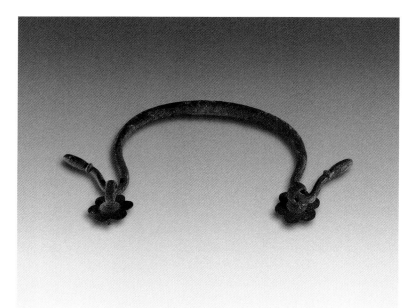

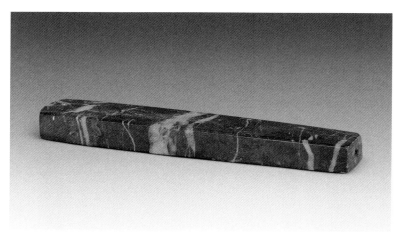

2. 石器柄（YG72：86）

3. 骨柄（YG72：130）

4. 铁镢（YG72：110②）

5. 铜饰件（YG72：120）

图版 4-7-32　西绦胡同一号遗址出土遗物

1. 遗址全景（西—东）

2. 东部居住遗址全景（东—西）

图版 4-8-1　西绦胡同二号遗址

1. 东部居住遗址和南北向胡同（西—东）

2. 西部作坊遗址（西北—东南）

图版 4-8-2　西绦胡同二号遗址

1. 房屋居址 F1~F3、F6 及西院墙（南—北）

2. 东部三组长条形建筑（东南—西北）

图版 4-8-3　西绦胡同二号遗址东部居住遗址建筑遗迹

1. 西部作坊遗址房屋及大门遗迹（北—南）

2. 东部居住遗址 F1 的火炕、灶结构，北墙西段用板瓦垒砌（南—北）

图版 4-8-4　西绦胡同二号遗址建筑遗迹

1. F3 和 F2 房屋全景
（西南—东北）

2. F2 房屋全景
（西南—东北）

图版 4-8-5　西绦胡同二号遗址东部居住遗址建筑遗迹

1. F2 的炕、灶和炉子（西北—东南）

2. F2 炕内烟道和烟囱结构（北—南）

图版 4-8-6　西绦胡同二号遗址东部居住遗址建筑遗迹

1. F6 全景（北—南）

2. F6 屋内的砖砌磨台和石磨盘（西南—东北）

图版 4-8-7　西绦胡同二号遗址东部居住遗址建筑遗迹

1. F6 西侧夹壁小屋和南端磨房建筑遗迹（北—南）

2. F15 和 F14 西侧屋门南北相对（北—南）

图版 4-8-8　西绦胡同二号遗址东部居住遗址建筑遗迹

1. F14、F15 和 F11、F12、F13 两组长条形建筑以及它们之间的南北向隔墙（南—北）

2. 三组长条形建筑，中间为 F11、F12、F13 组（北—南）

图版 4-8-9　西绦胡同二号遗址东部居住遗址建筑遗迹

1. F12 屋内炕、灶、炉子以及水缸等遗物（北—南）

2. F11、F12、F13 房屋西侧过道，北房屋门与院门南北相对（北—南）

图版 4-8-10　西绦胡同二号遗址东部居住遗址建筑遗迹

1. F11 屋内全景（西—东）

2. F11 火炕结构（西—东）

图版 4-8-11　西绦胡同二号遗址东部居住遗址建筑遗迹

1. F13 房屋建筑（东北—西南）

2. F11、F12、F13 组长条形单元建筑中间小院内的水缸及石臼、杵等生活用具（东南—西北）

图版 4-8-12　西绦胡同二号遗址东部居住遗址建筑遗迹

1. F10 组长条形单元建筑及其屋内和院中遗物（北—南）

2. F10 和 F11、F12、F13 两组长条形单元建筑（西北—东南）

图版 4-8-13　西绦胡同二号遗址东部居住遗址建筑遗迹

1. F9 和 F8 两组长条形单元建筑（北—南）

2. F7、F8 两组长条形单元建筑（北—南）

图版 4-8-14　西绦胡同二号遗址东部居住遗址建筑遗迹

1. F9屋内炕、灶、炉子和屋外灶及煤池子（北—南）

2. F9屋内炕、灶、炉子和屋外灶及煤池子（东北—西南）

图版 4-8-15　西绦胡同二号遗址东部居住遗址建筑遗迹

1. F9屋外前檐墙下的灶（东—西）

2. F7屋内炕、灶和炉子（西北—东南）

图版4-8-16　西缘胡同二号遗址东部居住遗址建筑遗迹

1. F4、F5 两组长条形单元建筑（东南—西北）

2. F4、F5 两组长条形单元建筑（东南—西北）

图版 4-8-17　西缘胡同二号遗址东部居住遗址建筑遗迹

1. F4（东—西）

2. F4（东北—西南）

图版 4-8-18　西绦胡同二号遗址东部居住遗址建筑遗迹

1.F4屋内出土石臼杵、铁叉、铁锅以及北炕下的地炉子（北—南）

2.F4地炉子与北炕火口的关系（南—北）

图版 4-8-19　西绦胡同二号遗址东部居住遗址建筑遗迹

1. F4 西炕烟道和烟囱结构（北—南）

2. F4 北炕烟道和烟囱结构（东—西）

图版 4-8-20　西绦胡同二号遗址东部居住遗址建筑遗迹

1. F4 和 F5 两组长条形单元建筑遗迹（北—南）

2. F5 房屋及小院全景，西侧为 F1 和 F6（北—南）

图版 4-8-21　西绦胡同二号遗址东部居住遗址建筑遗迹

1. F5 炕内两条烟道结构（南—北）

2. F5 炕内烟道结构及灶（西—东）

图版 4-8-22　西绦胡同二号遗址东部居住遗址建筑遗迹

1.西部作坊中的火炉（西—东）

2.西部作坊中的火炉（北—南）

3.炉底东视火口和出灰口

4.炉底东视火口和出灰口

图版 4-8-23　西绦胡同二号遗址西部作坊遗址建筑遗迹

1. 柱础石（YG73T：47）

2. 铜铺首（YG73F3：11、12）

3. 枢府釉碗（YG73T：22）

4. 青釉莲瓣纹碗（YG73F1：6）

5. 青釉荷叶形碗（YG73F10：12）

图版 4-8-24　西绦胡同二号遗址出土遗物

1. 青釉敞口碗（YG73F1：11）

4. 钧釉碗（YG73F4：17）

2. 青釉敞口碗（YG73F1：13）

3. 青釉侈口深腹碗（YG73F4：18）

5. 白釉黑彩碗（YG73F4：13）

图版 4-8-25　西绦胡同二号遗址出土遗物

1. 白釉黑彩碗（YG73F1：8）

2. 白釉黑彩碗（YG73F4：7②）

4. 黑釉碗（YG73T：51）

3. 黄白釉碗（YG73F14：2）

5. 钧釉花盆（YG73F4：10）

图版 4-8-26　西绦胡同二号遗址出土遗物

3. 青白釉盘（YG73F10：7）

1. 青白釉高足碗（YG73F1：17）

4. 青白釉盘（YG73F1：4）

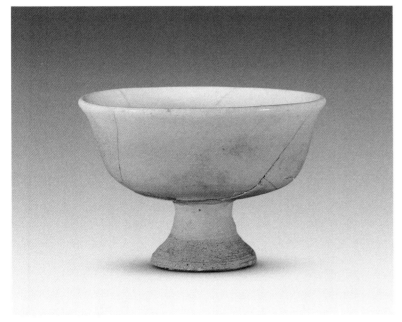

2. 黄白釉高足碗（YG73F4：14①）

5. 青白釉盘（YG73F5：22）

图版 4-8-27　西绦胡同二号遗址出土遗物

2. 枢府釉盘（YG73F10：1）

1. 枢府釉盘（YG73F5：11）

3. 白釉盘（YG73T：52①）

4. 青釉圆唇大口盘（YG73F1：3）

5. 青釉大口浅腹盘（YG73F1：1）

图版 4-8-28　西绦胡同二号遗址出土遗物

4. 青釉圆唇敞口盘（YG73F12：5①）

1. 青釉折壁深腹盘（YG73F11：2）

5. 青釉厚圆唇侈口小盘（YG73F10：3）

2. 青釉圆唇敞口盘（YG73W：5）

6. 钧釉盘（YG73F9：3）

3. 青釉圆唇敞口盘（YG73F9：5）

7. 钧釉盘（YG73F4：5）

图版 4-8-29　西绦胡同二号遗址出土遗物

1. 白釉黑彩盘（YG73F9：4）　　　　　　　2. 白釉黑彩盘（YG73E：11）

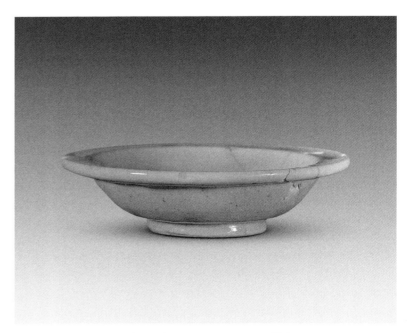

3. 黑釉碟（YG73F3：6）　　　　　　　　4. 青釉洗（YG73F12：5②）

图版 4-8-30　西绦胡同二号遗址出土遗物

1. 白釉黑彩盆（YG73W：8）　　　　　　　　　2. 白釉黑彩盆（YG73F10：9）

图版 4-8-31　西绦胡同二号遗址出土遗物

1. 青白釉罐（YG73F11：1）

4. 白釉黑彩花卉纹罐（YG73T：19①）

2. 青白釉罐（YG73F10：11）

5. 白釉黑彩花卉纹罐（YG73T：41）

3. 青釉罐（YG73T：39）

6. 白釉黑彩花卉纹罐（YG73F14：1）

图版 4-8-32　西绦胡同二号遗址出土遗物

1. 白釉黑彩花卉纹罐（YG73F14：6）　　　　　2. 白釉黑彩花卉纹罐（YG73T：12）

3. 白釉黑彩云山纹罐（YG73F6：18）

4. 白釉赭黄彩花卉凤纹罐（YG73T：19②）

图版 4-8-33　　西绦胡同二号遗址出土遗物

图版 4-8-34　西绦胡同二号遗址出土白釉黑彩龙凤纹罐（YG73T：17）

1. 白釉黑彩龙凤纹罐（YG73F4: 16）　　　　　　2. 白釉黑彩花卉纹罐（YG73F10: 5）

图版 4-8-35　西绦胡同二号遗址出土遗物

1. 黄白釉罐（YG73T：52②）

2. 黑釉五瓣足罐（YG73F14：9）

3. 黑釉大口直腹罐（YG73F10：16）

4. 黑釉小罐（YG73T：20）

5. 黑褐釉罐（YG73T：5）

图版 4-8-36　西绦胡同二号遗址出土遗物

1. 枢府釉干枝梅瓶（YG73E：17）

2. 白釉黑彩云龙纹四耳瓶（YG73T：4）

3. 白釉黑彩草叶纹四耳瓶（YG73T：9）

4. 白釉经瓶（YG73F3：9）

图版 4-8-37　西绦胡同二号遗址出土遗物

1. 黑釉经瓶（YG73F14：10）   2. 黑釉经瓶（YG73T：13）

3. 黑釉双耳瓶（YG73F9：19①）   4. 酱釉双耳瓶（YG73F7：16）

图版 4-8-38 西绦胡同二号遗址出土遗物

1. 绿灰釉瓶（YG73F7：12）

2. 黑釉小瓶（YG73F5：18）

3. 青白釉扁壶（YG73W：1）

图版 4-8-39　西绦胡同二号遗址出土遗物

1. 青白釉釉里红盒（YG73F3：10）

2. 青釉盏托（YG73T：16）

3. 青釉荷叶形器盖（YG73T：6）

4. 枢府釉炉（YG73F10：2①）

5. 枢府釉炉（YG73F10：2②）

6. 钧釉炉（YG73W：10）

图版 4-8-40　西绦胡同二号遗址出土遗物

1. 白釉黑彩器盖（YG73F6：11②）

2. 白釉黑彩器盖（YG73F13：2）

3. 白釉黑彩器盖（YG73E：27）

4. 白釉黑彩器盖（YG73E：12）

5. 白釉黑彩器盖（YG73T：50②）

6. 黑釉器盖（YG73F18：3）

图版 4-8-41　西绦胡同二号遗址出土遗物

1. 陶碗（YG73F4：19）

3. 蓝琉璃釉牡丹纹盘（YG73F3：8）

4. 蓝琉璃釉香炉（YG73F9：6）

2. 黄绿琉璃釉碗（YG73F3：15）

5. 蓝琉璃釉圆屋形器（YG73F13：1）

图版 4-8-42　西绦胡同二号遗址出土遗物

1. 骨盒（YG73F4：12）

2. 漆盒底部字迹（YG73F11：3）

3. 铜锅（YG73F10：14）

4. 铜壶（YG73T：1）

5. 铜碗（YG73F7：3）

6. 铜盆（YG73F9：2）

图版 4-8-43　西绦胡同二号遗址出土遗物

1. 铜熨斗（YG73T：29）

2. 铜勺（YG73F12：1、YG73F3：4①）

3. 铜勺（YG73F5：2）

4. 铜器盖（YG73E：20）

5. 铜马镫（YG73F5：15）

6. 铁灯碗（YG73F6：12）

图版 4-8-44　西绦胡同二号遗址出土遗物

1. 石洗子（YG73F9：14）

2. 石水仙盆（YG73F8：6）

3. 石盒（YG73F7：17）

4. 陶杵（YG73F9：16、YG73E：15）

5. 铁斧（YG73F5：5）、铁钩（YG73F5：10）

6. 铁刀（YG73F10：20）

图版 4-8-45　西绦胡同二号遗址出土遗物

1. 铁铡刀（YG73F6：14）

2. 铁长把饼形器（YG73E：2）

3. 铁砧子（YG73E：10①）

4. 齿轮形铁轴套（YG73E：10②）

5. 铁夯锤（YG73E：18）

图版 4-8-46　西绦胡同二号遗址出土遗物

1. 石磨盘（YG73F3：21）

2. 石臼（YG73F12：6）

3. 石臼（YG73T：33）

4. 石杵（YG73F12：9）

5. 石杵（YG73T：46）

图版 4-8-47　西绦胡同二号遗址出土遗物

1. 石臼盖（YG73F5：4）

2. 石臼盖（YG73T：34）

3. 石臼盖（YG73F11：7）

4. 石纺轮（YG73F8：2）

图版 4-8-48　西绦胡同二号遗址出土遗物

1. 长方形石砚（YG73F14：3①）

2. 长方形石砚（YG73T：14）

3. 长方形石砚（YG73F17：2）

4. 梯形抄手石砚（YG73F10：6①）

5. 椭圆形石砚（YG73F10：6②）

6. 须弥座形石砚（YG73F7：11）

图版 4-8-49　西绦胡同二号遗址出土遗物

1. 圆形石砚 (YG73T: 24)

2. 石双联暖砚 (YG73F3: 7)

3. 黑釉瓷镇纸 (YG73F7: 15)

5. 铜象棋子 (YG73F7: 4)

4. 铜镇纸 (YG73F3: 2)

6. 骨牌 (YG73T: 38)

图版 4-8-50　西绦胡同二号遗址出土遗物

1. 铜权（YG73F18：2）

2. 铜权（YG73F4：14②）

3. 铁权（YG73F5：20、YG73F9：8）

4. 铜钱（YG73F8：4）

图版 4-8-51　西绦胡同二号遗址出土遗物

1. 海马葡萄铜镜（YG73F10：19）

2. 海水龙纹镜（YG73F4：1）

3. 四兽铜镜（YG73F17：1）、十二生辰铜镜（YG73F7：2①）、花卉纹铜镜（YG73F7：2②）

4. 骨梳（YG73F10：15④）

5. 金耳环（YG73F3：4②）、金箔片饰（YG73F3：3）

图版 4-8-52　西绦胡同二号遗址出土遗物

1. 银簪（YG73F3：14①②）、铜簪（YG73F13：3）

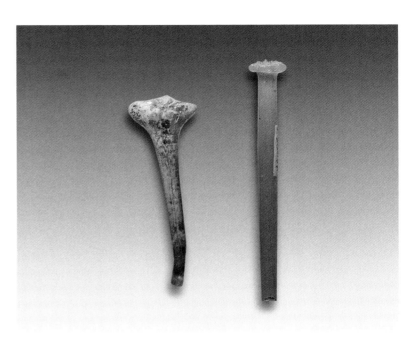

2. 料笄（YG73E：4）

3. 铜戒指（YG73F4：2、9）、葫芦形铜饰件（YG73T：48）

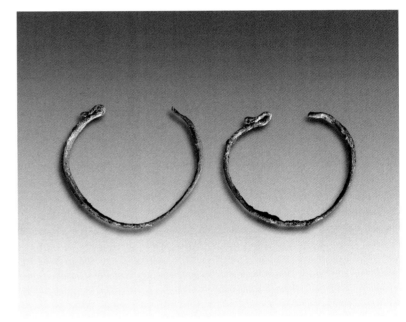

4. 铜镯一对（YG73F6：1）

5. 铜带饰（YG73F7：6①-1、①-2、②）

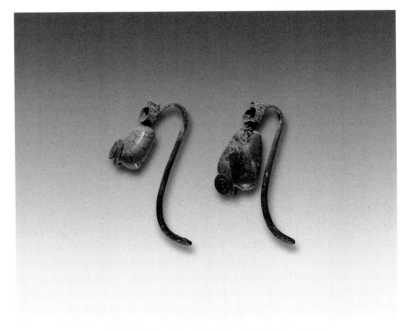

6. 镶嵌绿松石铜耳环（YG73F5：13）

图版 4-8-53　西绦胡同二号遗址出土遗物

1. 枣核形玛瑙珠（YG73T：32①、YG73F12：3、
YG73F10：15①）、瓜棱形料珠（YG73T：32②）

2. 玛瑙珠（YG73E：5②、YG73F10：15③）

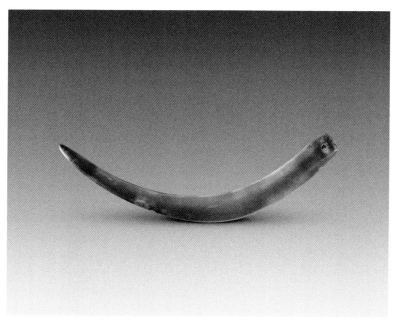

3. 白玛瑙角形器（YG73F4：3）

4. 玉枝叶（YG73F5：16）

5. 小蚌珠（YG73F3 出土）

6. 花瓣形蚌片（YG73F3：16）

图版 4-8-54　西绦胡同二号遗址出土遗物

图版 4-8-55　西绦胡同二号遗址出土三彩琉璃釉道士像（YG73F7：1）

1. 铜造像（YG73F9：11、YG73F6：13）

2. 铜造像（YG73W：3）

3. 石狮子（YG73E：22）

4. 石狮子（YG73W：2）

图版 4-8-56　西绦胡同二号遗址出土遗物

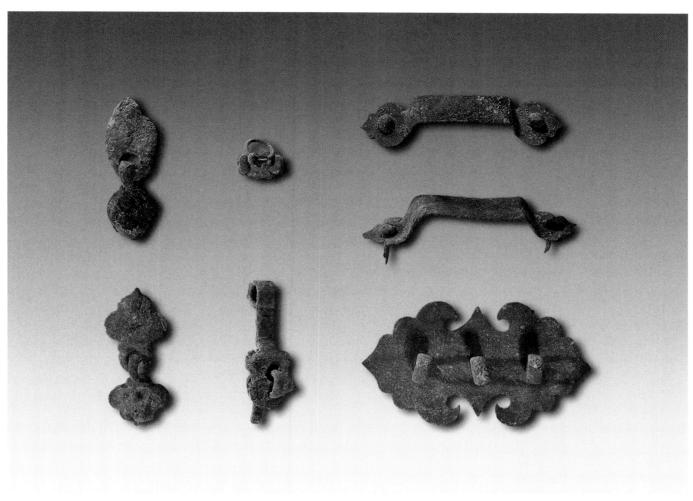

1. 箱柜铜饰件：云头形纽一对（YG73F7：6③）、梅花形小拉环（YG73F3：1①）、
鼻扣（YG73F7：6④）、把手一对（YG73T：3①）、云头形三穿鼻（YG73T：3②）

2. 箱柜铜饰件：椭圆形环垫（YG73F1：10）、拉链鼻（YG73F3：1②）、圆角方形饰件（YG73F3：1③）

图版 4-8-57　西绦胡同二号遗址出土遗物

2. 铜麒麟飞凤纹饰片（YG73F12：2）

1. 铜塔形器（YG73E：21）

3. 骨鼻纽（YG73T：49②）、骨花押（YG73F17：4）

图版 4-8-58　西绦胡同二号遗址出土遗物

1. 遗址全景（西南—东北）

2. 北房东炕和台基东壁露龈砌法（南—北）

3. 北房当心间、东明间内炕和铺地砖及地栿槽（西—东）

图版 4-9-1　西绦胡同三号居住遗址建筑遗迹

1. 东炕前的瓷虎枕和铁铛（西—东）

2. 月台前的蝉翅三瓣慢道（南—北）

图版 4-9-2　西绦胡同三号居住遗址建筑遗迹及出土遗物

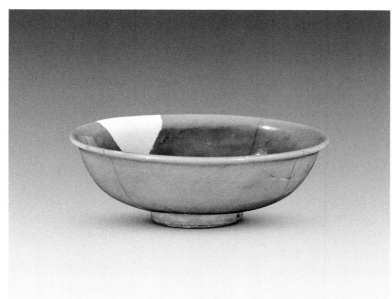

1. 青釉碗（YG69：66）

3. 青釉荷叶形器盖（YG69：24）

2. 黑釉背壶（YG69：72）

4. 钧釉双耳炉（YG69：15）

图版 4-9-3　西绦胡同三号居住遗址出土遗物

1. 黄釉黑彩虎形枕（YG69：40）

2. 铜执壶（YG69：69）

3. 铜勺（YG69：13、37）

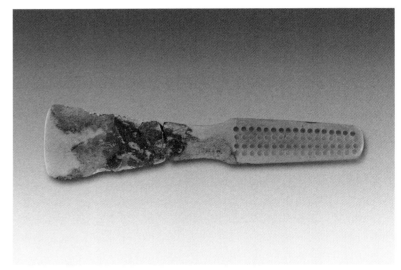

4. 骨刷把（YG69：26）

5. 铜铃（YG69：14）

6. 骨羊拐（YG69：5）

图版 4-9-4　西绦胡同三号居住遗址出土遗物

1. 北房基址全景（东北—西南）

2. 北房基址全景（西—东）

图版 4-10-1　　一〇六中学居住遗址北房基址全景

1. 青釉碗（YE65：10）

2. 白釉黑彩碗（YE65：33）

3. 白釉黑彩碗（YE65：2）

图版 4-10-2　一〇六中学居住遗址北房基址出土遗物

1. 白釉灯碟（YE65：9）

2. 白釉灯碟（YE65：11、12）

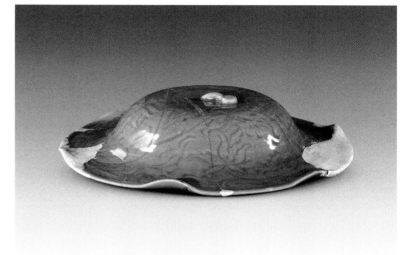

3. 青釉器盖（YE65：14）

4. 青白釉器盖（YE65：15）

5. 白釉黑彩器盖（YE65：16）

6. 黑釉小瓶（YE65：29）

图版 4-10-3　一〇六中学居住遗址北房基址出土遗物

1. 骨器（YE65：32）　　　　2. 玉带饰（YE65：23）　　　　3. 石花饰片（YE65：24）

4. 铜镜（YE65：20）　　　　5. 铜簪（YE65：21）　　　　6. 料珠（YE65：25）

7. 铜铺首（YE65：26）一对　　　　8. 长方形小石座（YE65：27）

图版 4-10-4　　一〇六中学居住遗址北房基址出土遗物

1. 板瓦（YHF72：20）

2. 滴水板瓦（YHF72：17）

3. 滴水板瓦（YHF72：18）

4. 滴水板瓦（YHF72：19）

5. 兽面纹瓦当（YHF72：21）

6. 兽面纹瓦当（YHF72：22）

7. 覆莲纹陶座（YHF72：27）

图版 4-11-1　后桃园遗址出土遗物

1. 灰陶迦陵频伽（YHF72：23）

2. 灰陶迦陵频伽（YHF72：24）

图版 4-11-2　后桃园遗址出土遗物

1. 灰陶站姿武士（YHF72：25）

2. 灰陶坐姿武士（YHF72：26）

图版 4-11-3　后桃园遗址出土遗物

1. 褐釉罐（YHF72：11）

2. 蓝琉璃釉鱼莲纹大盘（YHF72：10）

3. 黄绿琉璃釉炉（YHF72：5）

4. 黄绿琉璃釉兔草纹小盘（YHF72：4）

图版 4-11-4　后桃园遗址出土遗物

图版 4-11-5　后桃园遗址出土钧釉连座双耳瓶一对（YHF72：1）

1. 八卦回纹黑陶贯耳瓶（YHF72：30）

2. 石臼（YHF72：13）

3. 灰陶器座（YHF72：15）

4. 石龟趺（YHF72：2）

图版 4-11-6　后桃园遗址出土遗物

1. 青花大碗（YK70：1）

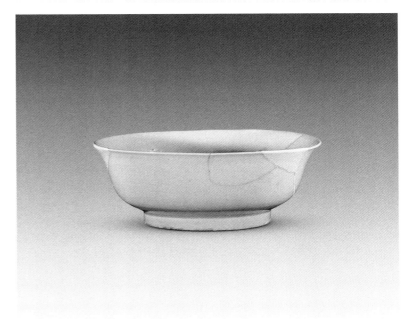

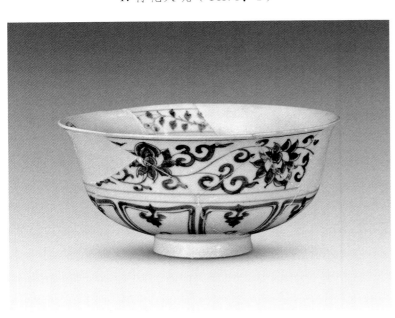

2. 青花大碗（YK70：2）

2. 枢府釉碗（YK70：3）

图版 4-12-1　窖藏出土遗物

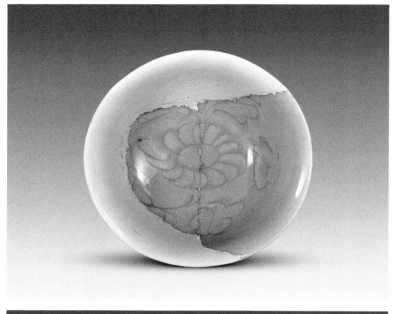

1. 青白釉高足碗（YK70：5）

2. 青白釉高足碗（YK70：6）

3. 青花盘（YK70：8）

4. 青花盘（YK70：10）

图版 4-12-2　窖藏出土遗物

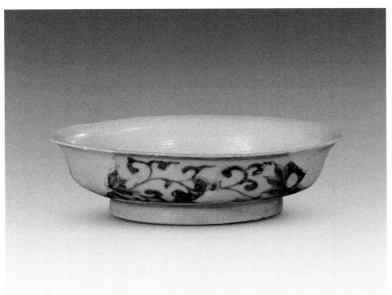

1. YK70：7

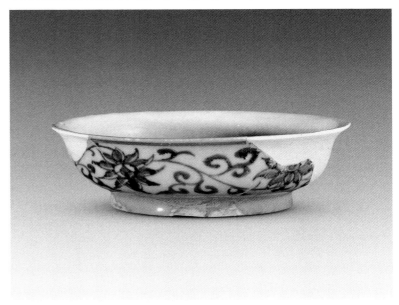

2. YK70：9

3. YK70：11

图版 4-12-3　窖藏出土青花盘

1. 青花凤首扁壶和一对盏托（YK70：13、14、12）

2. 青花凤首扁壶（YK70：12）

3. 青白釉小杯、匜（YK70：15、16）

4. 青花盏托（YK70：13）

5. 青花盏托（YK70：14）

图版 4-12-4　窖藏出土遗物

1.青白釉罗汉（J：116）

2.门砧石（J：112）

3.螭首门砧石（J：113）

4.铜鎏金云龙纹炉盖（J：114）

5.覆莲纹砖（J：115）

图版 4-13-1　北城垣沿线出土零散遗物

1. 黑釉经瓶（YME: 104）

2. 铜印章（YME: 286）

3. 铁吊锤（YME: 107）

4. 铜锅（YME: 285）

5. 六鋬铁锅（YME: 108）

6. 铁碾（YME: 106）

图版 4-13-2　北城垣沿线出土零散遗物

1. 石水牛（YME：110）

3. 青白釉八方人物盘（YGE：94）

2. 石磨（YME：111）

4. 铁锤（YGE：97）

5. 石坐狮（YGE：96）

图版 4-13-3　北城垣沿线出土零散遗物

1. 青釉碗（J：98）

2. 莲瓣纹方形柱础石（J：101①）

3. 双联石暖砚（YEF：7）

4. 连座石砚（YEF62：8）

5. 石坐狮（YEF：1）

6. 方形石洗（YEF62：3）

7. 捶布石（YEF62：6）

图版 4-13-4　北城垣沿线出土零散遗物

1. 白釉碗（YEF62：17）

3. 黑釉双耳罐（YEF64：26）

2. 白釉黑彩大盘（YEF：18）

4. 白釉黑彩山云纹四耳瓶（YEF62：24）

图版 4-13-5 北城垣沿线出土零散遗物

1. 铜铺首（YEF：11）

2. "至正四年"铜权（YEF：12）

3. 铁药臼（YEF：281）

4. 铁元宝范（YEF62：15）

5. 铁滑轮（YEF：16）

图版 4-13-6 北城垣沿线出土零散遗物

1. 石螭首（J1：31）

2. 门石砧（J1：32）

3. 覆莲纹石方座（J1：38）

4. 石门墩（J1：40）

图版 4-13-7　北城垣沿线出土零散遗物

1. "至正"款砖（J1：42）

2. 张嘴鸱吻头（J1：50）

3. 闭嘴龙（J1：52）

4. 山茶花砖（J1：43）

5. 莲花砖（J1：44）

6. 盆景花砖（J1：45）

7. 铜牛（J1：91）

图版 4-13-8　北城垣沿线出土零散遗物

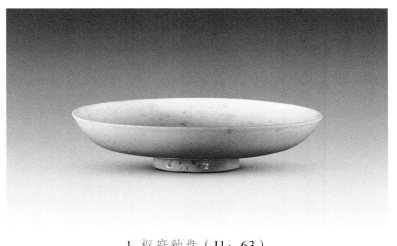

1. 枢府釉盘（J1：63）

3. 钧釉碗（J1：75）

4. 钧釉碗（J1：76）

2. 影青釉盘（J1：70）

5. 白釉灯碟（J1：81）

6. 钧釉小碗（J1：77）

7. 钧釉小碗（J1：79、78、80）

图版 4-13-9　北城垣沿线出土零散遗物

1. 青白釉炉（J1：85）

2. 青白釉枕（J1：84）

3. 青白釉器盖（J1：86）

4. 石臼（J1：284）

5. 白釉黑彩"清净道德"器盖（J1：87）

6. 石器盖（J1：62）

图版 4-13-10　北城垣沿线出土零散遗物

1. 金氏尼姑碑（J1：93）

2. "皇庆元年" 铜权（YHE：117）

3. 六鋬铁锅（YHE：122）

4. 铜匣槽（YHE：121）

图版 4-13-11　北城垣沿线出土零散遗物

1. 兽面瓦当（J：129）

2. 兽面瓦当（J：130）

3. 陶马头（J：131）

4. 黄蓝琉璃釉炉（J：126）

5. 绿琉璃釉炉（J：127）

图版 4-13-12　北城垣沿线出土零散遗物

1. 布袋僧石像（YHE：288）

3. 石卧狮（YHE：124）

2. 石坐狮（YHE：123）

4. 石碾（YHE：125）

图版 4-13-13　北城垣沿线出土零散遗物

1. 双凤纹丹陛石（YWF：136）

2. 石坐狮（J：141）

3. 石洗（YWF：137）

4. 须弥座石砚（J：139）

图版 4-13-14　北城垣沿线出土零散遗物

1. 陶云冠（J：143）

2. 陶海马头（J：149）

3. 陶套兽（J：151）

4. 陶套兽（J：280）

图版 4-13-15　北城垣沿线出土零散遗物

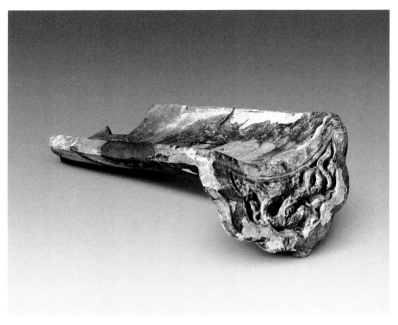

1. 华头板瓦（J：154）

2. 滴水（J：295）

3. 龙纹瓦当（J：296）

4. 兽面纹瓦当（J：164）

5. 兽面纹瓦当（J：168）

6. 牡丹纹瓦当（J：297）

图版 4-13-16　北城垣沿线出土零散遗物

1. 塑山垒石陶签筒（J：178）

3. 酱釉四耳罐（J：183）

2. 枢府釉塔形罐（J：182）

4. 青白釉笔山（J：101②）

图版 4-13-17　北城垣沿线出土零散遗物

1. 白话"圣旨"石碑（YWF：134）　　　　2. "大元福寿兴元观记"石碑（YWF：135）

图版 4-13-18　北城垣沿线出土零散遗物

1. 麒麟纹丹陛石（J：184）

2. 长方形石栏板（J：185）

3. 长方形石栏板（J：186）

图版 4-13-19　西城垣沿线出土零散遗物

1. 长方形石栏板（J：187）

2. 斜角长方形石栏板（J：188）

3. 斜角长方形石栏板（J：189）

图版 4-13-20　西城垣沿线出土零散遗物

1. 覆莲纹砖（J：191、203）

2. 云龙纹石栏板（J：192）

3. 花卉龙纹石栏板（J：193）

图版 4-13-21　西城垣沿线出土零散遗物

1. "至正" 款砖（J：283）

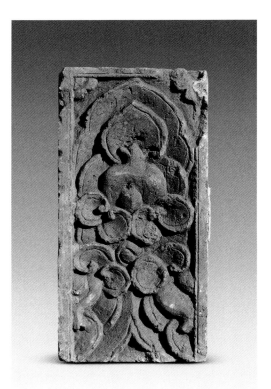
2. 卡子花砖（J：202）

3. 百合花砖（J：207）

4. 如意云砖（J：200）

5. 卡子花砖（J：201）

6. 百合花砖（J：208）

7. 龙纹滴水（J：214、213）

图版 4-13-22　西城垣沿线出土零散遗物

1. 莲花砖（J：204）

2. 莲花砖（J：205）

3. 莲花砖（J：206）

4. 盆景花砖（J：210）

5. 牡丹花砖（J：209）

6. 几何纹砖（J：211）

图版 4-13-23　西城垣沿线出土零散遗物

1. 青釉盘（J：215）

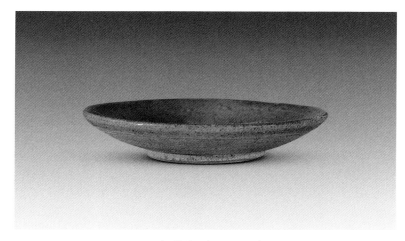

2. 青釉盘（J：216）

3. 钧釉碗（J：218）

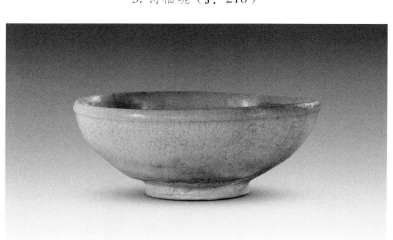

4. 钧釉碗（J：220）

5. 钧釉碗（J：221）

6. 青白釉观音（J：219）

图版 4-13-24　城内出土零散遗物

1. 钧釉连座双耳瓶（J: 223）

3. 白釉黑彩四耳瓶（J: 227）

2. 青釉三足炉（J: 230）

4. 白釉黑彩四耳瓶（J: 228）

图版 4-13-25　城内出土零散遗物

1. 铜印章（J：232）

4. 角石卧狮（J：229）

2. "千户"铜印章（J：224）

5. 方形铜炉（J：236）

3. 童子骑牛铜像（J：225）

6. 六鋬铁锅（J：234）

图版 4-13-26　城内出土零散遗物

2. 青釉盘（J：237）

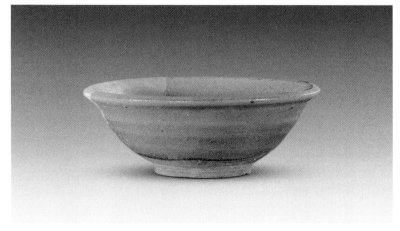

3. 青釉碗（J：238）

1. 钧釉盘（J：235）

4. 青釉碗（J：239）

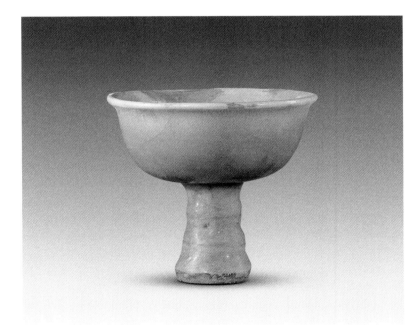

5. 青釉高足碗（J：240）

6. 白釉碗（J：222）

图版 4-13-27　城内出土零散遗物

1. 白釉黑彩"梨花白"四耳瓶（J：233）

2. 白釉瓶（J：242）

3. 青釉牡丹纹瓶（J：241）

图版 4-13-28　城内出土零散遗物

1. 云凤纹铜镜（J：243）

2. 双鱼纹铜镜（J：287）

3. 双鱼纹铜镜（J：247）

4. 素面铜镜（J：259）

图版 4-13-29　城内出土零散遗物

1. 钧釉盘（J：269）

5. 青釉碗（J：272）

2. 钧釉碗（J：270）

3. 钧釉盘（J：273）

4. 白釉经瓶（J：275）

5. 青釉碗（J：272）

图版 4-13-30　城内出土零散遗物

图版 4-13-31　城内出土三彩琉璃釉雕花牡丹龙凤纹炉（J：274）